提高篇
Intermediate Level

汉语十日通
Chinese in 10 Days

别红樱 主编

听说

Listening & Speaking

主　　编　别红樱

副 主 编　李耘达

编　　者　李丹芸　冷美雨

英文翻译　李耘达　冷美雨

前　言

《汉语十日通·听说》是在"三位一体"教学模式下为零起点汉语学习者编写的一套听说技能教材。"三位一体"教学模式指的是，听说课、读写课均围绕综合课的教学内容来展开，进一步拓展技能训练的强度和层次。本教材即是《汉语十日通》综合教材的配套听说教材。

编写本套教材的指导思想是：夯实词汇、语法知识应用，围绕重点词汇、句型、话题和交际场景，进行大量的句式操练、听力理解、成段表达等听说技能训练，完成交际任务。综合课的教学内容为技能训练提供了主题、基本词汇和语法的基本用法，听说课在此基础上适当扩展了话题范围，补充了实用的词语，使语法意义在更广阔的环境中得到应用。所采用的方法包括听说法的快速问答、全身反应法、交际法、任务法等，充分体现听说教学的课程特点。

全书共四册，分为入门篇、基础篇、提高篇、冲刺篇。每册10课，每课均对应综合教材的1课，教学时长为2课时，全四册共需80课时。教师也可根据本单位实际情况灵活安排，并适当增减。

四册教材在编写体例上大体相同，同时根据学生语言水平的变化，在材料文体、题型等细节方面有所调整。提高篇主要包括以下几个模块：

生词表　　在综合教材的基础上，补充了与话题相关的常用词语，注明其在《国际中文教育中文水平等级标准》中所属等级（1~6分别对应一至六级；7表示高等，对应七至九级；* 表示超纲词），标注该词语在本课中的义项对应的词性。生词表创新点在于表中不提供英文释义，学生在预习过程中自行查阅，并在之后的教学活动中进一步掌握生词意思和用法。在随书下载的每册词汇电子版总表中提供了英文释义，供学生和任课教师参考。

重点句式　　针对综合教材中的语法点和对话中的重点句式进行形式多样的、大量的口耳操练，熟能生巧，学以致用。从基础篇开始，除了替换练习之外，增加了快速问答、看图写话、完成句子、改写句子、完成会话等生成性和交际性练习，体现听说技能训练的特点。

听对话　　为加强听力技能训练，本教材编写了与综合教材话题相对应的长对话，由于以听力技能训练为主，对话普遍长于综合教材中的对话，话轮多，信息量大，有利于练习通过场景和上下文语境理解对话内容。对话充分复现学生应知应会的词汇、语法要素，加入了口语语体元素，为学习者提供多样的可懂性听力输入材料。对话配有听后选择正确答案、听后判断正误、听后填表、听后复述等多种形式的练习，既有对主要内容的概括性练习，又有培养学生抓取关键信息的微技能训练。

听短文　　依据主要词汇、语法点及话题，生成有一定难度的综合性语段。在泛听、精听的基础上，学生可完成成段表达练习，以听促说，提升听说结合的效果。

课堂活动　　活动形式有两类，一类是看图说话训练，通过图片展示直观、真实的场景，学习者通过对图片的观察和对隐藏在图片背后信息的想象，进行合理、清晰、得体的表达。第二类是任务型活动，包括角色扮演、小采访和语言调查等。学习者在真实的语境中，融会词汇、语法和交际框架，进行话题表达，实现口语表达能力的全面提升。

以《汉语十日通》综合教材为核心、以《汉语十日通·听说》和《汉语十日通·读写》为两翼的"三位一体"系列教材，内部是互相支撑、互相促动的关系，既相互配合，又独立灵活。此外，十日通系列教材还配有综合课练习册和习字本。教师或教学单位可根据教学目标和教学需求，灵活组合使用。

Preface

Chinese in 10 Days · Listening & Speaking is a series of textbooks developed for beginning learners of Chinese as a second language under the "Three in One" teaching mode for the purpose of training their Chinese listening and speaking skills. The "Three in One" mode refers to the further extensive and intensive training in Chinese listening & speaking, reading & writing skills centered on the comprehensive course. This textbook of listening & speaking works with the comprehensive course of *Chinese in 10 Days*.

The guiding philosophy of compiling this series of teaching materials is to enhance the application of vocabulary and grammar, and focus on the training in listening and speaking skills for the purpose of communication by practicing extensively in sentence types, listening comprehension and paragraph speaking around key vocabulary, sentence patterns, topics, and communicative scenes. What has been taught in the comprehensive course provides topics, basic vocabulary, and basic usage of grammar for training in the four skills. The listening & speaking course further extends the scope of topics, and is supplemented with practical words and expressions, so that learners could apply the grammatical meanings in a broader context. The teaching methods adopted in this book, quick ask-and-answer, TPR method, communicative method, task-based method, etc., fully reflect the characteristics of the curriculum of the listening and speaking course.

The current series consists of four volumes: the beginning level, the elementary level, the intermediate level, and the advanced level. Each volume includes 10 lessons and each lesson corresponds to 1 lesson of the comprehensive course. Each lesson takes 2 class-hours to complete, and it totals 80 class-hours to cover all 4 volumes. Teachers may also decide what to teach from the textbooks, and / or adjust the length of class hours based on specific needs.

The compilation of the four volumes basically follows the same principles, while detailed adjustments in material genres and question types have also been made in accordance with students' language development. Volume 3 (the intermediate level) mainly consists of the following modules:

Vocabulary　　On the basis of the comprehensive course textbook, the vocabulary is supplemented with common topic-related words. The level of each word as specified in the *Chinese Proficiency Grading Standards for International Chinese Language Education* (1~6 for the first 6 levels, 7 refers to the advanced levels 7~9, and * indicates words not in the syllabus) and its part of speech in specific lessons are indicated. The innovation of the vocabulary is that there are no English translation of the new words, and students need to look them up in the dictionary during preview, and further familiarize themselves with their meaning and usage in subsequent teaching and learning activities. However, for the reference of students and teachers, English translation is available for new words included in the downloadable electronic version of the vocabulary for each of the four volumes.

Key sentence types　　Practice makes perfect and learning is for using. It is for this purpose that extensive oral and aural practice of various kinds shall be carried out in line with the grammar points and key sentence types appearing in the comprehensive course textbook and dialogues therein. Substitution is the main method of practicing key sentence types and it is highly operable. In addition to substitution exercises, volume 2 and volume 3 has added generative and communicative exercises such as quick Q & A, writing according to the pictures, sentence completion, sentence rewriting, and dialogue completion, reflecting the characteristics of training in listening and speaking skills.

Listening to dialogues　　This textbook includes long dialogues corresponding to the topics of the comprehensive course textbook for extensive training in listening skills. As the focus is on listening skills training, the dialogues are generally longer than those in the comprehensive course textbook, consisting of many turn-takings loaded with information, which helps with the comprehension of the dialogue through scenes and contexts. The dialogues fully represent the vocabulary and grammar that students should master, in addition to their oral language elements, so as to provide learners with a variety of understandable inputs for listening. The dialogues are followed with various forms of exercises, such as multiple choices, true or false questions, form completion, and repeating what has been heard. The exercises include not only those for summarizing the main content of the speech, but also the ones that train students in the micro-skill of extracting information from the speech.

Listening to short passages   Drawing upon the main vocabulary, grammar points and topics, comprehensive passages of a certain difficulty level are generated. On the basis of extensive listening and intensive listening, students may practice speaking Chinese up to the length of a paragraph, which aims to help improve speaking via listening and achieve better results by combing the two.

Classroom activities   There are two types of classroom activities, one is picture description training, which show visualized and actual scenes. Learners shall observe the pictures and perceive what is behind them before making reasonable, articulate and appropriate expressions. The second type is task-based activities, including role-playing, small interviews and language surveys, etc.. Learners, in the real context, shall talk about topics by putting together vocabulary, grammar and communication framework, in order to improve their ability of oral expression.

With *Chinese in 10 Days* as the trunk and *Chinese in 10 Days · Listening & Speaking* and *Chinese in 10 Days · Reading & Writing* as its two wings, the "Three in One" textbooks complement and facilitate each other internally. They could be used together or separately. In addition, this series of textbooks is completed with student books and exercise books for practicing writing Chinese characters. Teachers or schools may choose teaching materials from the series according to their specific teaching objectives and needs.

目 录 Contents

第21课	红的比白的好看	1
第22课	你听天气预报了吗?	7
第23课	树绿了，花开了	13
第24课	我给你带来了一些苹果	20
第25课	我一个人可以拿回去	26
第26课	我常常听不懂	32
第27课	把你的地址写在这儿	39
第28课	喝着酒，聊着天儿	46
第29课	你去过桂林吗?	53
第30课	天气越来越暖和了	60

听力原文
参考答案
生词总表

第 21 课　红的比白的好看

一、生词 New words

序号	词语	拼音	词性	意思
1	首 4	shǒu	量	
2	厚 4	hòu	形	
3	薄 4	báo	形	
4	合适 2	héshì	形	
5	暖和 3	nuǎnhuo	形	
6	凉快 2	liángkuai	形	
7	路 1	lù	名	
8	宽 4	kuān	形	
9	窄 高	zhǎi	形	
10	轻 2	qīng	形	
11	重 1	zhòng	形	
12	戴 4	dài	动	
13	而且 2	érqiě	连	
14	季 4	jì	名	
15	正在 1	zhèngzài	副	
16	让 2	ràng	动	

二、重点句式操练 Pattern drills

（一）替换练习 Substitution drills

1. 我想看看这件衬衫。

看	（个）菜单
尝	（种）苹果
听	（首）歌
试	（条）裤子
看	（个）电影

2. A：哪件衬衫？红的还是白的？
   B：我买那件红的。

（种）苹果	大/小
（条）裤子	黑/蓝
（双）袜子	长/短
（种）包子	大/小
（本）词典	厚/薄

3. 红的比白的好看。

大	小	甜
黑	蓝	好看
长	短	合适
厚	薄	暖和

第21课　红的比白的好看

4. <u>香蕉</u>比<u>苹果</u><u>便宜</u>。

饺子	面条	好吃
哥哥	弟弟	高
这本书	那本书	厚
白裙子	黑裙子	长
橘子	苹果	便宜
地铁	公共汽车	快
北京	上海	凉快

5. <u>白的</u>没有<u>红的</u><u>好看</u>。

小的	大的	甜	蓝的	黑的	好看
短的	长的	合适	薄的	厚的	暖和
面条	饺子	好吃	弟弟	哥哥	高
那本书	这本书	厚	黑裙子	白裙子	长
苹果	橘子	便宜	公共汽车	地铁	快
上海	北京	凉快			

6. <u>真一</u>唱歌比<u>美子</u><u>好听</u>。

睡觉	晚
游泳	快
写汉字	好
跑步	快

（二）根据语境，用指定的结构改写句子 Rewrite the sentences with the given structures according to the context

1. 这是安娜的书包。　　　　　　　　　　　（X+的）

2. 大的桃子比小的桃子好吃。　　　　　　　（X+ 的）

3. 红箱子5公斤，蓝箱子10公斤。　　　　　（A 比 B+adj.）

4. 这条路宽一些，那条路窄。　　　　　　　（A 没有 B+adj.）

5. 这个商店很大，吃的东西很多。　　　　　（什么……都）

三、听对话 Listen to the dialogue

（一）听后选择正确答案 Choose the right answer after listening

1. A. 玛丽　　　B. 安娜　　　C. 妈妈　　　D. 爸爸

2. A. 白的　　　B. 蓝的　　　C. 黑的　　　D. 红的

3. A. 140元　　 B. 170元　　 C. 180元　　 D. 200元

4. A. 白的　　　B. 蓝的　　　C. 黑的　　　D. 红的

5. A. 安娜觉得黑的比蓝的好看。　　B. 玛丽的爸爸喜欢白色。
　 C. 黑的手套有大号的。　　　　　D. 黑的手套现在打折。

（二）根据提示信息，说说玛丽买手套的经过 Talk about the story of Mary's buying gloves according to the following information

（请安娜建议）
……没有……好看。

→

（问价钱、大小）
请……拿一双……的。
……的没有……的。
……的有……的。
……的也有……的。

→

（决定）
……不喜欢……，
那……买……的吧。

第21课　红的比白的好看

四、听短文 Listen to the passage

（一）听后选择正确答案 Choose the right answer after listening

1. A. 蓝色和白色　　　　B. 蓝色和红色
   C. 蓝色和黑色　　　　D. 黑色和白色
2. A. 太小了　　B. 太大了　　C. 不好看　　D. 太贵了
3. A. 黑的裙子有小号的。　　B. 蓝的没有白的好看。
   C. 蓝的比白的便宜。　　　D. 黑的比蓝的便宜点儿。
4. A. 蓝的　　　B. 白的　　　C. 红的　　　D. 黑的

（二）听后根据所给关键词复述短文 Retell the text with the key words after listening

　　今天……，安娜去……的一家商场……。这家商场是……，很大，什么……都……，而且现在是……，商店里的衣服……。安娜想……，她喜欢……。黑的……，蓝的……。安娜试了一条……，但是……，她让售货员换一条……。遗憾的是，……没有小号的，……和白的有。安娜觉得……没有……好看，而且……比……便宜。最后安娜买了……，又……又……，她很喜欢。

五、课堂活动 Activities

（一）角色扮演：买东西 Role play: Shopping

　　两人一组，用以下句式和词语表演买东西 In pairs, practice the dialogue of buying things with the sentence patterns and words bellow

句式 Sentence patterns	词语 Words
1. A 比 B+adj. 2. A 没有 B+adj.	好看、好吃、好喝、便宜、贵、有意思

（二）分组游戏：比一比 Group game: Comparison

3—4人一组，比一比谁的房间最好 Join a group with 3-4 students and compare your rooms

第22课 你听天气预报了吗？

一、生词 New words

序号	词语	拼音	词性	意思
1	空气[2]	kōngqì	名	
2	干燥[高]	gānzào	形	
3	低[2]	dī	形	
4	白天[1]	báitiān	名	
5	间[1]	jiān	量	
6	卧室[5]	wòshì	名	
7	把[3]	bǎ	量	
8	可乐[3]	kělè	名	
9	家乡[3]	jiāxiāng	名	
10	穿[1]	chuān	动	
11	花[1]	huā	名	
12	开[1]	kāi	动	
13	气候[3]	qìhòu	名	
14	温度[2]	wēndù	名	
15	舒服[2]	shūfu	形	

二、重点句式操练 Pattern drills

（一）替换练习 Substitution drills

1. 苹果比香蕉贵1块。

草莓	苹果	贵	5元
这本书	那本书	便宜	12元
哥哥	弟弟	大	6岁
今天的气温	昨天	高	4度
我们班的学生	他们班	多	2个

2. 苹果比香蕉贵一点儿。

今天	昨天	暖和
白裙子	黑的	便宜
北京的冬天	上海	冷
这本词典	那本	厚
今天的汇率	昨天	高

3. 草莓比苹果贵得多/多了。

今天	昨天	暖和
白裙子	黑的	便宜
北京的冬天	上海	冷
今天的空气	昨天	干燥
今天的汇率	昨天	低
白天的气温	晚上	高

第22课 你听天气预报了吗？

4. 这件衣服跟那件差不多。

这本词典	那本
你的裙子	她的
哥哥的自行车	弟弟的
今天的气温	昨天
我们国家冬天的天气	北京

5. 哥哥跟弟弟差不多高。

这本词典	那本	厚
黑裙子	白裙子	长
我们国家冬天	北京	冷
这个箱子	那个	重
这间卧室	旁边那间	大

6. 老师的书跟我的一样。

玛丽的包	安娜的
草莓的价格	苹果
这件衣服的颜色	那件
大卫买的手表	真一的
这把钥匙	那把

7. 弟弟跟哥哥一样高。

这种饮料	那种	好喝
大橘子	小橘子	酸
今天	昨天	热
坐高铁	坐飞机	方便
冬天房间里	外面	冷
这篇文章	那篇	难懂

9

（二）看图，用所给结构写句子 Write sentences with the given structures according to the pictures

1.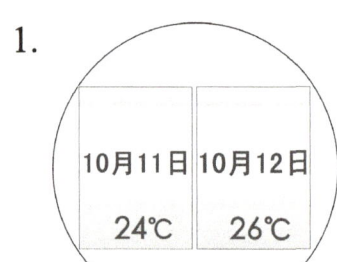

　　（A 比 B+adj.+ 一点儿）

　　_____。

2.

　　（A 比 B+adj.+ 得多 / 多了）

　　_____。

3.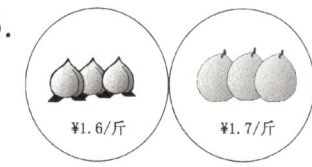

　　（A 跟 B 差不多 +adj.）

　　_____。

4. 10月12日　10月11日　　（A 跟 B 差不多 +adj.）

　　22℃　　　21℃

　　_____。

5.

　　（A 跟 B 一样 +adj.）

　　_____。

第22课 你听天气预报了吗?

三、听对话 Listen to the dialogue

（一）听后选择正确答案 Choose the right answer after listening

1. A. 妈妈　　　　B. 爸爸　　　　C. 朋友　　　　D. 老师
2. A. 20 度　　　 B. 23 度　　　 C. 30 度　　　 D. 32 度
3. A. 春天　　　　B. 夏天　　　　C. 秋天　　　　D. 冬天
4. A. 去颐和园了　B. 去上课了　　C. 去游泳了　　D. 去公园了
5. A. 北京冬天非常冷，还很干燥。

   B. 美子以前最喜欢夏天，因为天气很暖和。

   C. 老师给美子和同学看了颐和园的照片。

   D. 北京的气候跟美子的家乡不一样。

（二）听后判断正误 Judge true or false after listening

1. 美子和朋友上周去公园了。　　　　　　　　　　　　（　　）
2. 这个公园风景不太漂亮。　　　　　　　　　　　　　（　　）
3. 那天上午天气很好，下午下雨了。　　　　　　　　　（　　）
4. 北京夏天不常下雨。　　　　　　　　　　　　　　　（　　）
5. 美子以前很喜欢冬天。　　　　　　　　　　　　　　（　　）

四、听短文 Listen to the passage

（一）听后选择正确答案 Choose the right answer after listening

1. A. 两个　　　　B. 三个　　　　C. 四个　　　　D. 五个
2. A. 春天　　　　B. 夏天　　　　C. 秋天　　　　D. 冬天

3. A. 常常下雨　　B. 常常刮风　　C. 很热　　　　　D. 很冷

4. A. 30度左右　　B. 35度左右　　C. 39度左右　　　D. 40多度

5. A. 7度　　　　 B. -7度　　　　C. 0度　　　　　 D. -15度

6. A. 常常下雪　　B. 跟北京一样冷　C. 房间里有暖气　D. 房间里很冷

（二）听后根据所给关键词复述短文 Retell the text with the key words after listening

上海一年有……，……、……、……、……。春天天气……，各种花儿……，是……季节。夏天……，常常……，最高气温……。秋天跟……差不多，很……，也很……，就是……。冬天比较冷，很少……，……零下七八度。虽然上海冬天气温……，但是因为……，房间里……。玛丽刚来上海，还……冬天的天气呢。

五、课堂活动 Activities

（一）小采访：谈谈你家乡的季节和气候 Small interview: Talk about the seasons and climate of your hometown

（二）小调查：去哪儿吃饭好？ Small survey: Where to eat?

在"大众点评网"（www.dianping.com）的"美食"频道选择两个不同的饭馆，比较它们的价格、菜品数量、味道、环境等，然后写出调查报告，进行小组交流 Choose two different restaurants in the "food" channel of www.dianping.com, and compare their prices, quantity, taste, environment, etc.. Then write a survey report for group communication

第 23 课　树绿了，花开了

一、生词　New words

序号	词语	拼音	词性	意思
1	哭[2]	kū	动	
2	笑[1]	xiào	动	
3	小鸟*	xiǎoniǎo	名	
4	飞[1]	fēi	动	
5	小狗*	xiǎogǒu	名	
6	树叶[4]	shùyè	名	
7	饱[2]	bǎo	形	
8	渴[1]	kě	形	
9	亮[2]	liàng	形	
10	少年[2]	shàonián	名	
11	病[1]	bìng	名/动	
12	旧[3]	jiù	形	
13	严重[4]	yánzhòng	形	
14	花瓶[6]	huāpíng	名	
15	破[3]	pò	形	
16	化*	huà	动	
17	条件[2]	tiáojiàn	名	
18	小区[高]	xiǎoqū	名	
19	环境[3]	huánjìng	名	

序号	词语	拼音	词性	意思
20	校园[2]	xiàoyuán	名	
21	出院[2]	chūyuàn	动	
22	运动员[4]	yùndòngyuán	名	
23	算[2]	suàn	动	
24	机会[2]	jīhuì	名	
25	等[1]	děng	量	
26	担心[4]	dānxīn	动	
27	发现[2]	fāxiàn	动	
28	变化[3]	biànhuà	动/名	

❑ **专有名词 Proper nouns**

1. 冬奥会　　　　　Dōng'àohuì

2. 广州　　　　　　Guǎngzhōu

3. 故宫　　　　　　Gù Gōng

二、重点句式操练 Pattern drills

（一）替换练习 Substitution drills

1. 她哭了。

孩子	笑
天	下雨
天	下雪
小鸟	飞
小狗	跑

第23课　树绿了，花开了

2. 他胖了。

哥哥	瘦		天	下雨
树叶	黄		天气	冷
天气	热		尼可	饿
美丽	饱		弟弟	渴
东西	便宜			

3. 春天了，花开了。

春天	天气	暖和		春天	草	绿
夏天	天气	热		秋天	树叶	黄
秋天	天气	凉快		冬天		下雪
冬天	天气	冷		晚上7点	天	黑
早上6点	天	亮				

4. 我爷爷今年80岁了。

我奶奶	78岁
他妈妈	60多岁
我哥哥	快30岁
她弟弟	8岁多

5. 我弟弟小学毕业了。

真一	大学毕业
尼可的哥哥	当经理
那位少年	长大
那条裙子	旧
爷爷的病	严重
客厅里的花瓶	破

6. A：花开了没有？

   B：花还没开呢。

树叶	黄
草	绿
雪	化
雨	停

7. A：这里有山有水，风景不错。

   B：可不是。

这个房间	又大又干净	条件
这个小区	有花有树	环境
我们的校园	有树有水	风景
学校的食堂	有吃的有喝的	条件

（二）看图，用所给词语和"了"写句子 Write sentences with the given words and "了" according to the pictures

例：

毕业

玛丽的哥哥大学毕业了。

1.

当医生

_____。

2.  出院

＿＿＿＿＿＿＿＿＿＿＿＿＿＿＿。

3.  便宜

＿＿＿＿＿＿＿＿＿＿＿＿＿＿＿。

4. 长大

＿＿＿＿＿＿＿＿＿＿＿＿＿＿＿。

三、听对话 Listen to the dialogue

（一）听后选择正确答案 Choose the right answer after listening

1. A. 参加运动会　　B. 在广州学习　　C. 做志愿者　　D. 在参观故宫

2. A. 5个小时　　　B. 8个小时　　　C. 10个小时　　D. 15个小时

3. A. 广州　　　　　B. 故宫　　　　　C. 天安门　　　D. 颐和园

4. A. 春天　　　　　B. 夏天　　　　　C. 秋天　　　　D. 冬天

5. A. 志愿者工作很多，也很辛苦。

B. 马义对志愿者工作不感兴趣。

C. 马义想去颐和园玩儿。

D. 从广州到北京，坐高铁比飞机贵多了。

（二）听第二遍，填空 Listen again, and fill in the blanks

1. 安娜最近在北京冬奥会_____。

2. 天气冷了，志愿者们工作_____，也_____。

3. 从广州到北京坐高铁8个小时_____，而且票价比飞机_____。

4. 马义对志愿者的工作也很_____。

5. 要是不能当志愿者，马义打算看看_____。

四、听短文 Listen to the passage

（一）听后选择正确答案 Choose the right answer after listening

1. A. 我的老师　　B. 我的大学同学　　C. 我的高中同学　　D. 我的爸爸

2. A. 运动　　　　B. 喝酒　　　　　　C. 玩儿电脑游戏　　D. 跑步

3. A. 运动　　　　B. 喝酒　　　　　　C. 玩儿电脑游戏　　D. 跑步

4. A. 他爸爸身体不好。

　　B. 高中时吃得很多。

　　C. 上大学以后瘦了。

　　D. 现在常常去医院。

（二）听后根据所给关键词复述短文 Retell the text with the key words after listening

丁一是……，上高中的时候……，身体……，因为他常常……，而且不……，每天晚上都……电脑游戏，老师和同学都……。

我们高中……了，现在都……了。最近我在一次聚会上遇到他了，发现他……，他……，也……。他告诉我，他的爸爸……，而且……，身体很不好，常常……，他不希望自己以后……。现在他……了，每天早上都跑步，身体……。

五、课堂活动 Activities

（一）看图说话 Talk about the pictures

题目：世界的变化 Title: Changes of the world

（二）小采访：说说你这一年的变化 Small interview: Talk about your changes in this year

第 24 课　我给你带来了一些苹果

一、生词　New words

序号	词语	拼音	词性	意思
1	电动车 4	diàndòngchē	名	
2	鼻子 5	bízi	名	
3	脚 2	jiǎo	名	
4	嘴 2	zuǐ	名	
5	耳朵 5	ěrduo	名	
6	住院 2	zhùyuàn	动	
7	陪 5	péi	动	
8	手术 4	shǒushù	名	
9	拿 1	ná	动	
10	寄 4	jì	动	
11	赶快 3	gǎnkuài	副	
12	挂号 高	guàhào	动	
13	检查 2	jiǎnchá	动	
14	身体 1	shēntǐ	名	
15	生病 1	shēngbìng	动	
16	客人 2	kèrén	名	
17	丢 5	diū	动	
18	保安 3	bǎo'ān	名	
19	着急 4	zháojí	形	

序号	词语	拼音	词性	意思
20	样子[2]	yàngzi	名	
21	台[3]	tái	量	
22	联系[3]	liánxì	动	
23	厉害[5]	lìhai	形	
24	然后[2]	ránhòu	连	
25	病人[1]	bìngrén	名	
26	办法[2]	bànfǎ	名	
27	水平[2]	shuǐpíng	名	

二、重点句式操练 Pattern drills

（一）替换练习 Substitution drills

1. A：你是什么时候来北京的？
   B：我是 9 月 1 号来北京的。

   去年 9 月
   今年 1 月
   2019 年秋天
   上个星期
   昨天

2. A：你是怎么来北京的？
   B：我是坐飞机来北京的。

   坐公共汽车　来学校
   骑自行车　来医院
   坐高铁　去广州
   坐飞机　回国
   骑电动车　去电影院

3. A：你是跟谁一起来北京的？
   B：我是跟父母一起来北京的。

朋友	去旅行
老师	去广州
同学	去看电影
哥哥	去商场

4. A：怎么了，哪儿不舒服？
   B：头疼。
   A：什么时候开始的？
   B：昨天早上开始的。

咳嗽	昨天晚上
嗓子疼	今天早上
鼻子发炎	今天上午
脚疼	昨天下午
嘴疼	一个星期以前
耳朵疼	半个月以前
牙疼	两天以前

5. A：要打针吗？
   B：不用，吃点儿药就行了。

住院	吃点儿药，休息几天
吃药	多喝点儿水
我陪你去	我自己去
做手术	吃几天药

6. 我给你带来了一些苹果。

拿来	一本书
取来	一些中药
买来	一些面包
送来	两瓶矿泉水
寄去	一本词典

第24课 我给你带来了一些苹果

7. A：吃一个<u>苹果</u>吧。
   B：我得先吃<u>药</u>。

一起出去玩儿	吃饭
赶快睡觉	预习生词
洗澡	看会儿电视
复习课文	回家
找医生看看	挂号

8. 我最讨厌<u>吃药</u>了。

打针	吃中药
看病	检查身体
生病	拉肚子
陪客人喝酒	

（二）用提示词回答下面的问题 Answer the following questions with the given words or phrases

1. 尼可是怎么去电影院的？　　　　　　　　　　（自行车）
2. 玛丽是跟谁一起去逛街的？　　　　　　　　　（朋友）
3. 真一带来了什么东西？　　　　　　　　　　　（汉语词典）
4. 妈妈给尼可寄来了什么？　　　　　　　　　　（水果）

三、听对话 Listen to the dialogue

（一）听后选择正确答案 Choose the right answer after listening

1. A. 苹果　　B. 学生卡　　C. 电脑　　D. 椅子
2. A. 教室　　B. 宿舍　　　C. 超市　　D. 食堂
3. A. 蓝色　　B. 白色　　　C. 绿色　　D. 本子

4. A. 昨天中午在食堂丢了东西。

B. 电话号码是 13601234321。

C. 住在 2 号宿舍楼 305 房间。

D. 今天中午是在食堂吃的饭。

（二）听第二遍，填空 Listen again, and fill in the blanks

1. 王美丽的电脑是_____在_____丢的。

2. 美丽的电脑是_____的苹果电脑，装在一个_____里，里面还有一个_____。

3. 美丽把_____和_____告诉保安了。

4. 如果找到电脑，保安会_____。

四、听短文 Listen to the passage

（一）听后选择正确答案 Choose the right answer after listening

1. A. 牙疼　　B. 耳朵红　　C. 头疼　　D. 鼻子不舒服

2. A. 挂号　　B. 请假　　　C. 看医生　D. 量体温

3. A. 打针　　B. 休息　　　C. 吃药　　D. 喝水

4. A. 1 片　　B. 2 片　　　C. 3 片　　D. 6 片

5. A. 星期一　B. 星期三　　C. 星期四　D. 星期五

（二）听后根据所给关键词复述短文 Retell the text with the key words after listening

今天我起床以后觉得……，头疼……，脸有点儿红，一直……。我给老师打电话,告诉老师……,得……。

我到医院以后先……,然后……,今天的……,我等了很久。大夫给我……,还检查了嗓子,我的体温38.5度,……,嗓子……。医生说不用打针,……,但是要……,多喝水。医生给我开了西药,告诉我西药……,一次吃2片,我……,但是没有办法,因为这个星期六有……,只有……,我希望自己身体……。

五、课堂活动 Activities

(一)角色扮演:看病 Role play: See the doctor

两人一组,一人扮演医生,一人扮演病人,练习看病 In pairs, one plays the doctor, and the other plays patient. Practice the dialogue of seeing the doctor

(二)小采访:介绍一次旅行经历 Small interview: Talk about a travel experience

第25课　我一个人可以拿回去

一、生词　New words

序号	词语	拼音	词性	意思
1	里¹	lǐ	名	
2	跳³	tiào	动	
3	手¹	shǒu	名	
4	掉²	diào	动	
5	冰箱⁴	bīngxiāng	名	
6	书架³	shūjià	名	
7	箱⁴	xiāng	名/量	
8	货架*	huòjià	名	
9	包裹⁴	bāoguǒ	名	
10	材料⁴	cáiliào	名	
11	还¹	huán	动	
12	快递员*	kuàidìyuán	名	
13	电视机¹	diànshìjī	名	
14	流行²	liúxíng	形	
15	借²	jiè	动	
16	疯⁵	fēng	动	
17	专门³	zhuānmén	副	
18	缆车高	lǎnchē	名	
19	意见²	yìjiàn	名	
20	城墙高	chéngqiáng	名	

第25课　我一个人可以拿回去

序号	词语	拼音	词性	意思
21	段[2]	duàn	量	
22	为了[3]	wèile	介	
23	厨房[5]	chúfáng	名	
24	客厅[5]	kètīng	名	
25	蛋糕[5]	dàngāo	名	

二、重点句式操练　Pattern drills

（一）替换练习　Substitution drills

1. 尼可从楼上走下来了。

孩子	外面	跑进来
老师	楼下	走上来
同学们	教室里	跑出来
汽车	东门	开出去
熊猫	树上	跳下来
真一	我旁边	走过去
手机	我手里	掉下去

2. 美丽从书包里拿出来一台电脑。

妈妈	冰箱里	取出来	两杯果汁
老师	书架上	拿下来	一本词典
爸爸	行李箱	取出来	一件礼物
售货员	货架上	拿下来	一箱牛奶
朋友	上海	寄过来	一个包裹

3. 我看见<u>一个孩子</u> <u>跑上楼来</u>了。

一只小狗	跑进电梯去
很多同学	走进图书馆去
几位老师	走下楼来
尼可	跑进教室去

4. <u>买完书</u> <u>走下来</u>就行了。

吃完饭	走回来
上完课	骑车回家去
开完会	把材料带回去
看完这本书	还回图书馆去

5. A：我们<u>坐电梯上楼</u>，还是<u>走上去</u>？

   B：<u>坐电梯上去</u>吧。

坐缆车上山	爬上去
骑自行车回家	走回去
坐高铁去广州	飞过去

（二）看图，用所给词语写句子 Make sentences with the given words according to the pictures

1.

   走 _____。

2.  跑 _____。

3.  拿 _____。

4.  快递员　送 _____。

5.  跑 _____。

三、听对话 Listen to the dialogue

（一）听后选择正确答案 Choose the right answer after listening

1. A. 颐和园　　　B. 长城　　　C. 故宫　　　D. 天安门

2. A. 坐公共汽车　　B. 骑自行车　　C. 坐火车　　D. 自己开车

3. A. 开车上去　　B. 骑车上去　　C. 坐缆车上去　　D. 爬上去

4. A. 长城离学校不太远。

 B. 真一和美子没有自行车。

 C. 他们自己带午饭上去。

 D. 他们周日早上出发。

（二）听第二遍，填空 Listen again, and fill in the blanks

1. 真一想＿＿＿＿去长城玩儿，美子也很想去。

2. 真一想＿＿＿＿去，可是长城离学校＿＿＿＿，不能＿＿＿＿。

3. 他们打算＿＿＿＿去长城，从北京北站到长城有＿＿＿＿。

4. 他们＿＿＿＿上去，然后＿＿＿＿下来。

5. 美子打算自己做点儿吃的东西＿＿＿＿，他们在长城上＿＿＿＿。

四、听短文 Listen to the passage

（一）听后选择正确答案 Choose the right answer after listening

1. A. 4 岁　　B. 5 岁　　C. 8 岁　　D. 10 岁

2. A. 有很多作业　　　　　　B. 准备生日晚会

 C. 去超市买东西　　　　　　D. 在家里玩儿游戏

3. A. 吃的东西　　B. 一本词典　　C. 电脑游戏　　D. 生日蛋糕

4. A. 一条裙子　　B. 一本词典　　C. 一个蛋糕　　D. 吃的东西

5. A. 买了很多饮料　　　　　　B. 买了生日蛋糕

C. 下午就回家了　　　　　　D. 没送生日礼物

（二）听后根据所给关键词复述短文 Retell the text with the key words after listening

今天是圆圆的……。为了……，一下课，她就跟朋友们从学校……了。白老师今天下午……，她在超市买了很多肉和菜，还有……。孩子们到家以后，她就从厨房里……小吃和饮料，孩子们在客厅里……边玩儿游戏，玩儿得……。

晚上六点，圆圆的爸爸也……。他带回来了一个……，蛋糕很……，也很……，孩子们非常喜欢。晚饭以后，小朋友们……。爸爸妈妈从包里……生日礼物。爸爸送给圆圆的礼物是……，妈妈送的是……。

圆圆的生日过得……。

五、课堂活动 Activities

看图说话 Talk about the pictures

题目：爬山 Title: Mountain climbing

第 26 课 我常常听不懂

一、生词 New words

序号	词语	拼音	词性	意思
1	墙 2	qiáng	名	
2	画 2	huà	名/动	
3	窗户 4	chuānghu	名	
4	搬 3	bān	动	
5	动 1	dòng	动	
6	河 2	hé	名	
7	游 3	yóu	动	
8	挤 5	jǐ	形	
9	盘子 4	pánzi	名	
10	篇 2	piān	量	
11	翻译 4	fānyì	动	
12	口音 高	kǒuyīn	名	
13	声音 2	shēngyīn	名	
14	明白 1	míngbai	形	
15	西餐 2	xīcān	名	
16	中餐 2	zhōngcān	名	
17	外国 1	wàiguó	名	
18	请教 3	qǐngjiào	动	
19	热情 2	rèqíng	形	
20	另外 3	lìngwài	连	
21	速度 3	sùdù	名	

二、重点句式操练 Pattern drills

（一）替换练习 Substitution drills

1. A：每天的生词你记得住吗？
   B：我记得住/记不住。

这么多包子	吃得完/吃不完
黑板上的字	看得清楚/看不清楚
一箱啤酒	喝得完/喝不完
奶奶说的话	听得见/听不见
墙上的画	看得懂/看不懂
客厅的窗户	打得开/打不开
这张大桌子	搬得动/搬不动

2. A：我们早上8点上课，你起得来吗？
   B：我起得来/起不来。

这么高的山	爬得上去/爬不上去
这条路很窄	汽车开得过去/开不过去
这条河	你游得过去/游不过去
教室在6层	走得上去/走不上去
公共汽车这么挤	我们上得去/上不去
书架上的书	拿得下来/拿不下来
晚上12点	宿舍进得去/进不去

3. A：这些行李，你拿得了吗？

   B：不太多，我拿得了。/ 太多了，我拿不了。

盘子里的饺子	吃得了 / 吃不了
周末的晚会	参加得了 / 参加不了
这几篇文章	翻译得了 / 翻译不了
这种中药	喝得了 / 喝不了
这个问题	回答得了 / 回答不了
这种汽车	开得了 / 开不了
这件衣服	穿得了 / 穿不了

4. 二环现在堵得很，走不了。

我	忙	去
地铁	挤	坐
妈妈	累	跑
尼可	饱	吃

5. 北京人说话太快，我常常听不懂。

这家饭店的菜太辣	吃不下去
出租车司机说话有口音	听不懂
老人说话声音太小	听不清楚
老师们写字太快	看不明白

第26课 我常常听不懂

6. <u>南门进不去</u>，<u>走北门</u>吧。

三环走不了	走四环
四级考不了	考三级
白酒喝不下去	喝啤酒
日语学不会	学法语
西餐吃不习惯	吃中餐

（二）看图，用所给词语写句子 Make sentences with the given words according to the pictures

1.

看　清楚

＿＿＿＿＿＿＿＿＿＿＿＿＿＿＿＿＿。

2.

穿　了

＿＿＿＿＿＿＿＿＿＿＿＿＿＿＿＿＿。

3.

喝　完

＿＿＿＿＿＿＿＿＿＿＿＿＿＿＿＿＿。

4. 　　篮球　取　出来

_____。

5. 　　拿　了

_____。

三、听对话 Listen to the dialogue

（一）听后选择正确答案 Choose the right answer after listening

1. A. 一个月　　B. 三个月　　C. 四个月　　D. 一年

2. A. 10个　　B. 20个　　C. 30个　　D. 40个

3. A. 汉字写得不好。

   B. 记不住生词。

   C. 听不懂老师说话。

   D. 看不清楚汉字。

4. A. 听不懂老师说话。

   B. 每天记住很多生词。

   C. 听不懂出租车司机说话。

   D. 最近听力有进步了。

5. A. 常常记不住生词。

   B. 听力非常不好。

   C. 请麦克再说一遍。

   D. 每天晚上复习生词。

（二）听第二遍，填空 Listen again, and fill in the blanks

1. 玛丽的大学_____，里面有_____，跟大家一起学习_____。

2. 玛丽一天能记住_____，可是麦克只_____。

3. 玛丽的汉字_____，麦克建议她下课以后_____，也可以向老师请教_____。

4. 玛丽最近听力_____，听得懂一点儿_____了。

5. 有机会他们要_____出去玩儿，可以多练习_____。

四、听短文 Listen to the passage

（一）听后选择正确答案 Choose the right answer after listening

1. A. 一个多月　　B. 一个多星期　　C. 三个多月　　D. 两个多星期

2. A. 北京人说话很慢。　　　　　B. 北京人不热情。

   C. 这里的菜不好吃。　　　　　D. 买东西很方便。

3. A. 这里的菜不好吃。　　　　　B. 出租车司机不热情。

   C. 说话速度太慢。　　　　　　D. 上下班时堵车很严重。

4. A. 声音很小　　B. 速度太快　　C. 不爱聊天儿　　D. 没有口音

5. A. 多和北京人聊天儿　　　　B. 多听听录音

　　C. 多看看中文书　　　　　　D. 多读几遍课文

（二）听后根据所给关键词复述短文 Retell the text with the key words after listening

真一来北京……了，他觉得北京的学习和生活……。这里的饭馆很多，菜也……，买东西……，而且北京人……。可是他觉得北京有一个方面不太好，上下班的时候……！公共汽车和地铁上……。另外，真一觉得北京人……太快，特别是……说话，真一常常……。老师告诉他，很多北京人……。但是……，可以多和他们……，时间长了……。

五、课堂活动 Activities

小采访：学汉语哪方面最难？ Small interview: What is the most difficult aspect of Chinese study?

问2—3位同学，看他们觉得学汉语哪方面比较难，给他们一些建议 Ask two or three classmates to see what the most difficult aspect of Chinese study is for them, and then give them some suggestions

第27课　把你的地址写在这儿

一、生词 New words

序号	词语	拼音	词性	意思
1	挂[3]	guà	动	
2	瓶子[2]	píngzi	名	
3	扔[5]	rēng	动	
4	垃圾桶*	lājītǒng	名	
5	信封[3]	xìnfēng	名	
6	奖学金[4]	jiǎngxuéjīn	名	
7	递[5]	dì	动	
8	弄[2]	nòng	动	
9	坏[1]	huài	形	
10	擦[4]	cā	动	
11	垃圾[4]	lājī	名	
12	邻居[5]	línjū	名	
13	抱[4]	bào	动	
14	空运*	kōngyùn	动	
15	工作日[5]	gōngzuòrì	名	
16	快递[4]	kuàidì	名	
17	一般[2]	yìbān	形	
18	方式[3]	fāngshì	名	
19	邮费*	yóufèi	名	

序号	词语	拼音	词性	意思
20	发票[4]	fāpiào	名	
21	举行[2]	jǔxíng	动	
22	分类[3]	fēnlèi	名	
23	气球[4]	qìqiú	名	

❏ 专有名词 Proper nouns

1. 邮政快递　　Yóuzhèng kuàidì　　EMS
2. 顺丰快递　　Shùnfēng kuàidì　　SF express

二、重点句式操练　Pattern drills

（一）替换练习　Substitution drills

1. 老师把<u>书</u>放在<u>桌子上</u>了。

画	挂	墙上
衣服	放	椅子上
手机	装	书包里
名字	写	黑板上
自行车	停	楼下
瓶子	扔	垃圾桶里
邮票	贴	信封上

2. 麦克把<u>桌子</u><u>搬</u>到<u>门口</u>了。

椅子	搬	教室外面
饭	送	我房间
东西	送	办公室
包裹	寄	英国

第27课　把你的地址写在这儿

3. 马义把书交给老师了。

照片	寄	妈妈
奖学金	发	我们
蛋糕	送	同屋
护照	交	老师
旧课本	卖	新学生
作业	递	别的同学

4. 尼可把啤酒喝完了。

水	喝	完
饭	吃	完
作业	做	完
水果	洗	干净
空调	弄	坏
黑板	擦	干净

5. 快递员把电视机送来了。

快递员	菜	送来
美丽	书	拿出来
尼可	手机	放进书包里去
妈妈	垃圾	扔进垃圾桶里去
邻居	小狗	抱进房间去

6. A：请问，怎么寄比较合适？
　 B：寄水陆联运吧。

| 空运 |
| 海运 |
| 邮政快递 |
| 顺丰快递 |

7. A：包裹大概多长时间能到？
   B：三十天以内。

飞机	三个小时
银行卡	五个工作日
快递	一般五天
公共汽车	5分钟

（二）看图，用所给句式写句子 Make sentences with the given sentence patterns according to the pictures

1.

   S+ 把 +O+V+ 在 +（某个地方）

   _____。

2.

   S+ 把 +O+V+ 给 +（某人）   体温计

   _____。

3.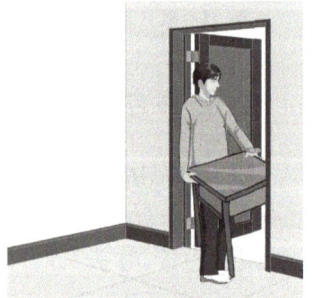

   S+ 把 +O+V+ 到 +（某个地方）

   _____。

4.

   S+ 把 +O+V+ 完

   _____。

5.

S+ 把 +O+V+ 好

_____。

三、听对话 Listen to the dialogue

（一）听后选择正确答案 Choose the right answer after listening

1. A. 上海　　　B. 英国　　　C. 法国　　　D. 美国
2. A. 快递　　　B. 海运　　　C. 空运　　　D. 水运
3. A. 学号　　　B. 地址　　　C. 性别　　　D. 电话号码
4. A. 一个星期　B. 十天　　　C. 两个星期　D. 一个月
5. A. 130 块　　B. 170 块　　C. 137 块　　D. 173 块

（二）听第二遍，填空 Listen again, and fill in the blanks

1. 玛丽想_____寄到美国。

2. 她不知道用_____寄更好，所以请营业员建议一下。

3. 用 EMS 寄虽然很快，但是_____，海运最便宜，可是_____。

4. 用空运寄，时间_____长点儿，邮费_____那么贵。

5. 营业员让玛丽_____放到那边的桌子上。

6. 填单子的时候，她把_____写在上边，_____写在下边。

四、听短文 Listen to the passage

（一）听后选择正确答案 Choose the right answer after listening

1. A. 我　　　　B. 王美丽　　　　C. 丁兰　　　　D. 玛丽

2. A. 把桌子搬到教室外边。

　　B. 把桌子搬到教室前边。

　　C. 把地打扫干净。

　　D. 把垃圾放到教室外边。

3. A. 把垃圾扔到教学楼的一层。

　　B. 把桌子和椅子搬到教室里边。

　　C. 举行一个新年晚会。

　　D. 把教室打扫干净。

4. A. 美丽把地打扫干净。

　　B. 尼可把窗户擦干净。

　　C. 吃的东西还没买呢。

　　D. 要把气球挂在墙上。

（二）听后根据所给关键词复述短文 Retell the text with the key words after listening

同学们，马上就要……了，明天下课以后我们……。今天我们一起……。请王美丽……。麦克，你和尼可把桌子和椅子……。然后，请丁兰和玛丽……。请大家把垃圾……，一会儿打扫完，请大家再把桌子和椅子……，班长……里，别忘了把垃圾分一下类。

这里有一些气球，请同学们把气球……。我买了一些……，放在办公室了，明天早上请玛丽和安娜……，再把水果……。大家可以边……边……，还可以表演节目。希望大家玩儿得愉快！

五、课堂活动 Activities

角色扮演：布置房间 Role play: Decorate the rooms

两人一组，一起布置房间，用"把"字句请对方做3—4件事 In pairs, arrange the room together, and ask your partner to do 3-4 things with the sentence pattern of "把"

例：请你把桌子搬到房间里。

第 28 课　喝着酒，聊着天儿

一、生词　New words

序号	词语	拼音	词性	意思
1	面 2	miàn	量	
2	镜子 4	jìngzi	名	
3	球迷 3	qiúmí	名	
4	国旗 6	guóqí	名	
5	毛巾 4	máojīn	名	
6	躺 4	tǎng	动	
7	站 1	zhàn	动	
8	对 *	duì	量	
9	讲台 *	jiǎngtái	名	
10	会议室 *	huìyìshì	名	
11	领导 3	lǐngdǎo	名/动	
12	灯 2	dēng	名	
13	亮 2	liàng	动/形	
14	暖气 4	nuǎnqì	名	
15	太阳镜 *	tàiyángjìng	名	
16	小孩儿 1	xiǎoháir	名	
17	浅 4	qiǎn	形	
18	背 3	bēi	动	
19	副 6	fù	量	
20	深 3	shēn	形	
21	单间 *	dānjiān	名	

第28课 喝着酒，聊着天儿

序号	词语	拼音	词性	意思
22	视频 5	shìpín	名	
23	作文 2	zuòwén	名	
24	耳机 4	ěrjī	名	
25	小说 2	xiǎoshuō	名	
26	接（电话）2	jiē（diànhuà）	动	
27	提 2	tí	动	
28	记得 1	jìde	动	
29	按照 3	ànzhào	介	
30	皮肤 5	pífū	名	
31	连衣裙 *	liányīqún	名	
32	面积 3	miànjī	名	
33	排 2	pái	量	
34	柜（子）5	guì（zi）	名	

二、重点句式操练 Pattern drills

（一）替换练习 Substitution drills

1. 图书馆里摆着桌子和椅子。

桌子上	摆	几张照片
床下面	放	两双鞋
墙上	挂	一面镜子
卧室里	放	床和衣柜
词典上	写	他的名字
球迷的脸上	画	国旗
卫生间	挂	好几条毛巾

2. 图书馆里坐着很多人。

教室里	坐	很多学生
床上	躺	一个孩子
厨房里	站	一对夫妻
讲台上	站	一位老师
会议室里	坐	几位领导

3. A：门开着吗？／门开着没有？

   B：门开着。／门没开着，门关着。

窗户	开	电视	关
灯	亮	电脑	开
空调	关	暖气	开

4. A：他女朋友什么样儿？

   B：她穿着白衬衫花裙子，戴着太阳镜。

穿	红色T恤	抱	小孩儿
穿	咖啡色长裙子	戴	一条项链
穿	浅蓝色衬衫	背	黑色书包
戴	一副深色眼镜	拿	一本书

5. 他们喝着酒，聊着天儿，非常高兴。

喝	咖啡	聊	天儿
吃	东西	逛	街
吃	饭	看	电视
唱	歌	跳	舞
听	音乐	散	步

第28课 喝着酒，聊着天儿

6. 弟弟喜欢<u>看着电视</u><u>吃饭</u>。

听着音乐	看书
戴着耳机	听音乐
戴着眼镜	看报纸
躺着	看小说

7. A：房子是什么样子的？
   B：<u>两室一厅</u>，<u>带厨房和卫生间</u>。

一室一厅	只有一个卧室
三室两厅	带两个卫生间
单间	不带厨房和卫生间
两室两厅	带一个客厅和一个餐厅

8. A：你打算什么时候<u>搬家</u>？
   B：我想<u>星期天</u>就<u>搬</u>过去。

回国	下星期	飞回去
拍视频	明天	拍出来
做实验	这个月	做完
写作文	今天下午	写好

（二）看图，用"V+着"写句子 Make sentences with "V+着" according to the pictures

1.  _____。

汉语十日通·听说

2.  _____。

3.  _____。

4.  _____。

5.  _____。

三、听对话 Listen to the dialogue

（一）听后选择正确答案 Choose the right answer after listening

1. A. 白酒　　　　B. 水果　　　　C. 蛋糕　　　　D. 花儿

2. A. 唱着歌，跳着舞　　　　B. 吃着蛋糕，聊着天儿
   C. 喝着茶，聊着天儿　　　　D. 吃着饭，看着电视

3. A. 个子很高　　　　B. 皮肤很白
   C. 戴着项链　　　　D. 穿着短裙子

第28课　喝着酒，聊着天儿

4. A. 有一个妹妹　　　　　　B. 今天没喝白酒

　　C. 想请丁兰去美国　　　D. 是一个人去做客的

（二）听第二遍，填空 Listen again, and fill in the blanks

1. 玛丽今天去_____做客了，刚_____。

2. 丁兰家的房子_____，三室一厅，但是_____。

3. 丁兰的妈妈给他们做了_____。玛丽看到桌子上_____，可吃惊了。

4. 他们吃饭的时候，按照_____喝了一点儿白酒。

5. 丁兰的妹妹穿着_____，还戴着_____。

四、听短文 Listen to the passage

（一）听后选择正确答案 Choose the right answer after listening

1. A. 两室一厅　　B. 一室两厅　　C. 一室一厅　　D. 两室两厅

2. A. 衣柜　　　　B. 沙发　　　　C. 书柜　　　　D. 书桌

3. A. 房子里没有沙发。　　　　B. 现在的沙发太小。

　　C. 现在的沙发太旧。　　　　D. 现在的沙发坏了。

4. A. 房子又大又干净。　　　　B. 厨房做饭不太方便。

　　C. 卧室里有床和书柜。　　　D. 玛丽星期六搬过来。

（二）听后根据所给关键词复述短文 Retell the text with the key words after listening

最近玛丽在学校附近……，……，带一个厨房和一个卫生间。房子……，但是……。客厅里……，后面……。沙发对面的墙上……，下面……。卧室里……，还有一个衣柜。厨房比较大，……，里面……。

玛丽觉得这套房子……，不过沙发……，她想换一个……。她还想再买一张书桌，放在客厅里。玛丽很喜欢这个新家，她想这个星期六……。

五、课堂活动 Activities

（一）看图说话 Talk about the picture

题目：美丽的房间 Title: Meili's room

（二）小采访：介绍一下你的房间 Small interview: Talk about your room

第29课 你去过桂林吗？

一、生词 New words

序号	词语	拼音	词性	意思
1	书法[5]	shūfǎ	名	
2	花园[2]	huāyuán	名	
3	电视剧[3]	diànshìjù	名	
4	次[1]	cì	量	
5	功夫[3]	gōngfu	名	
6	回[1]	huí	量	
7	转[3]	zhuàn	动	
8	放学[1]	fàngxué	动	
9	体验[3]	tǐyàn	动	
10	专家[3]	zhuānjiā	名	
11	步行[4]	bùxíng	动	
12	品牌[6]	pǐnpái	名	
13	应有尽有[高]	yīngyǒu-jìnyǒu		
14	猜[5]	cāi	动	
15	戏院[高]	xìyuàn	名	
16	虽然[2]	suīrán	连	
17	但是[2]	dànshì	连	
18	值得[3]	zhídé	动/形	
19	比如[2]	bǐrú	动	
20	首都[3]	shǒudū	名	

序号	词语	拼音	词性	意思
21	之一[4]	zhīyī	名	
22	牡丹[高]	mǔdan	名	
23	各地[3]	gèdì	名	

❑ **专有名词 Proper nouns**

1. 长安大戏院　　Cháng'ān Dà Xìyuàn　　Chang'an Grand Theatre
2. 兵马俑　　　　Bīngmǎyǒng　　　　　　Terra Cotta Warriors

二、重点句式操练　Pattern drills

（一）替换练习　Substitution drills

1. A：你以前去过桂林吗？
   B：我好多年前去过桂林。/ 我没去过桂林。

来	中国	逛	动物园
吃	烤鸭	喝	乌龙茶
爬	长城	看	京剧
游览	颐和园	学	书法

2. A：你看没看过这个电影？/ 你看过这个电影没有？
   B：我看过这个电影。/ 我没看过这个电影。

当	老师	当	导游
吃	茄子	坐	高铁
见	熊猫	逛	学校的花园
看	这部电视剧		

第29课 你去过桂林吗？

3. A：你爬过几次长城？

   B：我爬过两次长城。

去	次	上海	五次
学	年	汉语	一年
听	遍	录音	两遍
看	次	功夫表演	一次
游览	回	胡同	好几回

4. 昨天我带父母去前门和王府井逛了逛。

学生	颐和园	看
孩子	动物园	玩儿
外国朋友	北海公园	转
家人	胡同	逛

5. A：学习结束以后，你打算做什么？

   B：我想去西安。听说那儿有很多名胜古迹，我想去看看。

放学以后	学校书店	有很多新书	看
周末	长城	是最伟大的建筑	体验
假期	桂林	有山有水	玩儿
考试结束以后	全聚德烤鸭店	烤鸭很有名	尝

6. 坐在船上，一边喝茶，一边欣赏丽江优美独特的风景，感觉好极了。

坐在高铁上	和朋友聊天	看路上的风景
坐在咖啡馆里	听音乐	喝咖啡
站在长城上	看风景	听导游讲长城的历史
在博物馆里	看展览	听专家介绍
在操场上	跑步	听音乐

（二）看图，用"V+过"完成对话 Complete the conversations with "V+过" according to the pictures

1.

   游览　长城

   A：你_____吗？

   B：我没_____。

2.

   喝　白酒

   A：你_____吗？

   B：我在中国朋友家_____。

第29课　你去过桂林吗？

3.

逛　胡同

A：你＿＿＿＿＿＿吗？

B：我跟同学们一起＿＿＿＿＿＿。

4.

吃　烤鸭

A：尼可＿＿＿＿＿＿吗？

B：他＿＿＿＿＿＿，我没＿＿＿＿＿＿。

5.

去　桂林

A：你＿＿＿＿＿＿吗？

B：我跟父母＿＿＿＿＿＿。

三、听对话　Listen to the dialogue

（一）听后选择正确答案　Choose the right answer after listening

1. A. 100多年　　B. 500多年　　C. 700多年　　D. 1000多年

2. A. 去颐和园　　B. 爬长城　　C. 逛前门　　D. 吃烤鸭

3. A. 去颐和园　　B. 爬长城　　C. 逛前门　　D. 吃烤鸭

4. A. 吃过北京烤鸭

　　B. 去过颐和园

　　C. 没看过京剧

　　D. 没去过长城

（二）听第二遍，填空 Listen again, and fill in the blanks

1. 王府井步行街上有_____，国内、国外的品牌_____。
2. 这条步行街已经有700多年的_____了。
3. 她们打算中午去全聚德尝尝有名的_____。
4. 妈妈上次来北京去了很多地方，虽然_____，但是_____。
5. 美丽想下次请妈妈去_____看看大熊猫。

四、听短文 Listen to the passage

（一）听后选择正确答案 Choose the right answer after listening

1. A. 三口人　　B. 四口人　　C. 五口人　　D. 六口人
2. A. 坐飞机　　B. 坐汽车　　C. 开车　　　D. 坐高铁
3. A. 洛阳　　　B. 天津　　　C. 西安　　　D. 上海
4. A. 风景优美　B. 历史悠久　C. 人非常多　D. 交通方便

（二）听后根据所给关键词复述短文 Retell the text with the key words after listening

我是美国人，叫麦克。两年以前我带着妻子和三个孩子……。北京的交通……，高铁、飞机、汽车……想去哪儿……，想怎么去……。我们一家人坐高铁去……旅游过，比如洛阳、西安、杭州、上海等。洛阳是一个……的城市，是古代的首都之一，那里的牡丹……，每年四月都有很多人从各地到洛阳去……。西安也是古代的首都，……的地方是兵马俑。杭州的西湖……，我们坐着船游览西湖，……。

第29课　你去过桂林吗？

五、课堂活动 **Activities**

小采访：谈谈你的旅行经历 **Small interview: Talk about your travel experience**

2—4位同学一组，互相询问以下问题 In group of 2-4 students, ask each other the following questions

1. 你去哪儿旅行过？跟谁一起去的？

2. 那儿有什么名胜古迹？

3. 你觉得那儿怎么样？

4. 下次旅行你想去的地方是哪儿？为什么？

第30课　天气越来越暖和了

一、生词 New words

序号	词语	拼音	词性	意思
1	成绩[2]	chéngjì	名	
2	结实[3]	jiēshi	形	
3	综合[4]	zōnghé	动	
4	轻松[4]	qīngsōng	形	
5	亲密[4]	qīnmì	形	
6	家务[4]	jiāwù	名	
7	危险[3]	wēixiǎn	形	
8	舞蹈[6]	wǔdǎo	名	
9	四季[高]	sìjì	名	
10	如[6]	rú	动	
11	海景[*]	hǎijǐng	名	
12	海鲜[4]	hǎixiān	名	
13	烧烤[高]	shāokǎo	名	
14	丝绸[高]	sīchóu	名	
15	茶叶[4]	cháyè	名	
16	待[5]	dāi	动	
17	可惜[5]	kěxī	形	
18	有关[6]	yǒuguān	动	
19	知识[1]	zhīshi	名	
20	舒适[4]	shūshì	形	
21	期末[4]	qīmò	名	

第30课　天气越来越暖和了

序号	词语	拼音	词性	意思
22	提高²	tígāo	动	
23	关键⁵	guānjiàn	形	
24	对话²	duìhuà	动/名	
25	经过²	jīngguò	动	
26	努力²	nǔlì	形	
27	感谢²	gǎnxiè	动	
28	邀请⁵	yāoqǐng	动	

❑ 专有名词 **Proper nouns**

1. 昆明　　Kūnmíng　　Kunming (the capital city of Yunnan province)

2. 大连　　Dàlián　　Dalian (a city in Liaoning province)

3. 海南　　Hǎinán　　Hainan province

4. 便宜坊　Biànyífāng　(a famous roast duck restaurant)

5. 西单　　Xīdān　　(name of a place in Beijing)

二、重点句式操练　Pattern drills

（一）替换练习　Substitution drills

1. 这次的题比上次容易一些。

今天的天气	昨天	暖和
这周的考试成绩	上周	高
这个月的生意	上个月	好
这座桥	那座	结实
七班的节目	八班	精彩
听力考试	综合考试	难

2. 天气越来越暖和了。

天气	冷
天气	热
天气	凉快
东西	便宜
东西	贵
汉语说得	流利
发音	地道
考试成绩	好
中国朋友	多

3. 一边晒太阳，一边喝咖啡，多舒服呀。

听音乐	看小说	轻松
喝咖啡	聊天	亲密
唱歌	跳舞	开心
工作	学习汉语	辛苦
做家务	照顾孩子	不容易
开车	看手机	危险

4. 正好下学期学校要开一个太极拳学习班，我们去报名吧。

下周	汉语语法
下个月	羽毛球
最近	中国舞蹈
今年暑假	京剧

5. 去青岛吧，那儿的海很漂亮，啤酒也很有名。

昆明	四季如春	风景	优美
大连	海景很美	海鲜和烧烤	好吃
杭州	风景如画	丝绸和茶叶	有名
海南	海非常蓝	水果	好吃

6. A：我想跟弟弟出去旅行，你说去哪儿好？

   B：去南方或者北方都行。

请朋友吃烤鸭	全聚德	便宜坊
游览北京的名胜古迹	故宫	颐和园
给弟弟买生日礼物	王府井	西单
陪家人去海边	青岛	大连

（二）用指定的词语或句式改写句子 Rewrite the sentences with the given words or sentence patterns

1. 今天比昨天暖和一点儿。　　　　　　　　　　　　（A 没有 B+adj.）

   _____。

2. 玛丽做完作业了。　　　　　　　　　　　　　　　（把）

   _____。

3. 安娜刚来北京的时候有点儿胖，现在比较瘦。　　　（了）

   _____。

4. 冰箱里有很多吃的东西。　　　　　　　　　　　　（V+着）

   _____。

5. 这个箱子太重了，我一个人不能拿。　　　　　　（V+得/不了）

_____。

三、听对话 Listen to the dialogue

（一）听后选择正确答案 Choose the right answer after listening

1. A. 海鲜饺子　　B. 北京烤鸭　　C. 牛肉饺子　　D. 海鲜炒饭
2. A. 爬山　　　　B. 吃海鲜　　　C. 参观博物馆　D. 游泳
3. A. 5月　　　　 B. 8月　　　　 C. 10月　　　　D. 12月
4. A. 美子平时很喜欢运动。

   B. 冬天去昆明不会特别冷。

   C. 美子和丁兰一起去青岛旅行了。

   D. 丁兰建议暑假去西安或者昆明旅行。

（二）听第二遍，填空 Listen again, and fill in the blanks

1. 美子和弟弟"五一"假期在青岛待了_____，他们玩儿得_____。

2. 他们去了青岛的海边，那儿的风景_____。

3. 他们在青岛啤酒博物馆学到了很多_____的知识。

4. 北京的天气_____了，暑假他们想去_____玩儿一玩儿。

5. 昆明是一个_____的城市，什么季节去都_____。

第30课　天气越来越暖和了

四、听短文 Listen to the passage

（一）听后选择正确答案 Choose the right answer after listening

1. A. 发音　　　B. 听力　　　C. 汉字　　　D. 阅读
2. A. 发音　　　B. 听力　　　C. 汉字　　　D. 阅读
3. A. 和中国人聊天　　　　　B. 看中文电影
   C. 听中文歌曲　　　　　　D. 听课文录音
4. A. 喝咖啡　　B. 喝啤酒　　C. 吃烤鸭　　D. 吃饺子

（二）听后根据所给关键词复述短文 Retell the text with the key words after listening

　　期末考试前……，玛丽和美子每天都……。玛丽的汉字……，美子告诉玛丽，可以找一些……来练习汉字。一边……，一边把歌词用汉字……，又能……，又能提高汉字水平，关键是还……。美子觉得汉语的……，玛丽每天都陪她一起……、练习对话。经过几个星期的努力，玛丽的汉字……了，美子的发音也有了……。考完试以后，玛丽非常高兴，为了……，玛丽邀请她一起去学校附近新开的饭馆……、……。

五、课堂活动 Activities

角色扮演：邀请朋友来旅行 Role play: Invite your friend to travel

　　两人一组，介绍一下自己国家（或城市）有哪些好玩儿的、好吃的，并邀请朋友来旅行 In pairs, introduce the fun and delicious foods in your country (or city) and invite your friend to travel

图书在版编目(CIP)数据

汉语十日通.听说.提高篇/别红樱主编.—北京:商务印书馆,2023
ISBN 978-7-100-23210-4

Ⅰ.①汉… Ⅱ.①别… Ⅲ.①汉语—听说教学—对外汉语教学—教材 Ⅳ.①H195.4

中国国家版本馆CIP数据核字(2023)第215186号

权利保留,侵权必究。

汉语十日通
听说·提高篇
别红樱 主编

商务印书馆出版
(北京王府井大街36号 邮政编码100710)
商务印书馆发行
北京中科印刷有限公司印刷
ISBN 978-7-100-23210-4

2023年12月第1版　　开本889×1194　1/16
2023年12月北京第1次印刷　　印张5

定价:72.00元